THIS BOOK BELONGS TO:

Test Your Colors Here

X1
X2
X2
X2
X3
X4
X1

X1
X2
X1
X2
X1
X2
X1

X1
X2
X1
X3
X1
X1
X2

X1
X1
X2
X1
X1
X1
X1

X1
X1
X1
X1
X1
X1
X1

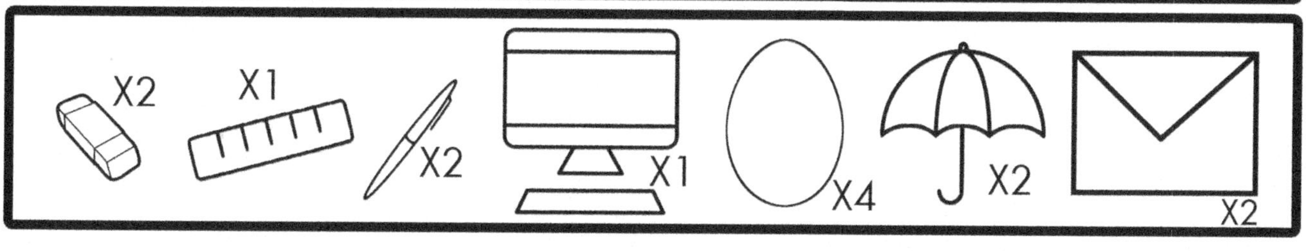
X2
X1
X2
X1
X4
X2
X2

X1
X1
X1
X1
X1
X1
X1

X1
X1
X1
X1
X1
X1
X1

Flowers
MilK
N

X2
X1
X2
X1
X1
X1
X1

X1
X1
X1
X1
X1
X1
X1

1X
1X
1X
1X
1X
1X
1X

X1
X1
X2
X1
X1
X2
X1

X1
X1
X1
X1
X1
X1
X1

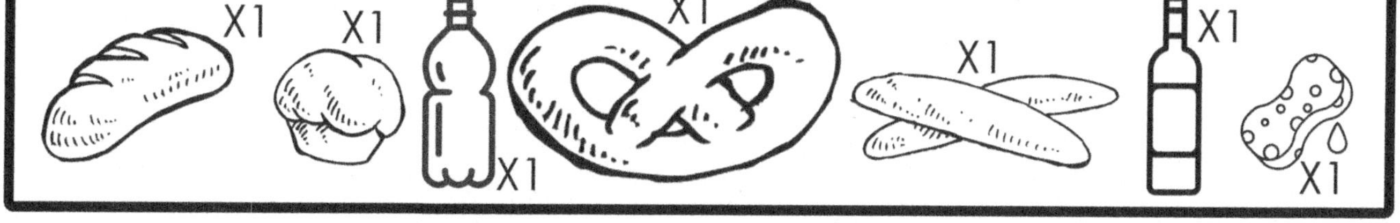
X1
X1
X1
X1
X1
X1
X1

X4
X2
X2
X1
X1
X1
X2

X1
X1
X1
X1
X1
X1
X1

X1
X1
X1
X2
X2
X1
X1

X1
X1
X1
X1
X1
X1
X1

X1
X1
X1
X1
X1
X1
X1

X1
X1
X1
X1
X1
X1
X1

X1
X1
X1
X1
X1
X1
X1

X2
X1
X1
X2
X1
X1
X1

X2
X3
X2
X1
X3
X1
X2

X1
X1
X1
X2
X1
X1
X2

X1
X2
X2
X2
X1
X1
X4

X1
X3
X1
X2
X2
X1
X2

Made in the USA
Monee, IL
06 December 2024

72640346R00031